L'OUVRIER;

SES MISÈRES ACTUELLES,

LEUR CAUSE ET LEUR REMÈDE;

SON FUTUR BONHEUR

DANS LA COMMUNAUTÉ;

MOYENS DE L'ÉTABLIR;

Par M. CABET,

Ex-Député, ex-Procureur-Général,

Avocat à la Cour royale de Paris.

Prix : 15 c. — Par la poste : 20 c.

Publié sur l'invitation

DES ACTIONNAIRES DU POPULAIRE.

QUATRIÈME ÉDITION.

PARIS,

AU BUREAU DU POPULAIRE, RUE J.-J. ROUSSEAU, 18.

DÉPARTEMENS,

Chez les Correspondans du *Populaire*.

1848.

L'OUVRIER;

SES MISÈRES ACTUELLES,

LEUR CAUSE ET LEUR REMÈDE;

SON FUTUR BONHEUR

DANS LA COMMUNAUTÉ;

MOYENS DE L'ÉTABLIR.

N° 1. — MISÈRES ACTUELLES DE L'OUVRIER.

JULIEN. — Bah! bah! les Ouvriers ne sont pas si malheureux qu'on veut bien le dire....

— Comment! ils ne sont pas malheureux! J'en vois quelques-uns qui sont toujours occupés, qui reçoivent un assez bon salaire, qui sont bien nourris, bien vêtus, bien portans.... Mais j'en vois aussi une foule d'autres qui sont sans travail, ou mal payés, mal vêtus, mal nourris, mal logés, souffrans, misérables, désespérés...

JULIEN. — C'est leur faute! Ce sont des paresseux qui ont l'air de chercher du travail, mais qui prient Dieu de ne leur en pas donner; des hommes sans ordre et sans conduite, des dissipateurs, des ivrognes, des débauchés.... Moi, j'aime le travail, je n'en manque jamais, je gagne, j'économise, je....

— J'admets que vous avez toutes les qualités, toutes les vertus, tous les talens, tous les mérites : vous êtes bien heureux d'être si parfait! Mais est-ce une raison pour être si sévère envers les autres? Vous seriez plus parfait encore si vous étiez plus indulgent et plus fraternel. J'en connais, de vos camarades, qui sont laborieux, économes, presque sans vices, et qui sont pleins d'indulgence, de bienveillance et de générosité. Je sais bien que beaucoup de Travailleurs ont de graves défauts et même de déplorables vices, dont ils sont les premières victimes; mais est-ce que les patrons, les bourgeois, les riches, les fonctionnaires publics, les prêtres même, sont des anges? Vous-même, que j'ai tout à l'heure reconnu parfait, est-ce que vous oseriez prétendre que vous jouissez de la perfection? Est-ce que les avantages que vous possédez ne seraient pas le résultat de quelques hasards, de votre force, de votre habileté naturelle, d'une multitude de circonstances qui vous ont fortuitement favorisé? Pour moi, je connais beaucoup de Travailleurs qui ont toutes les qualités qui devraient les rendre heureux, et qui pourtant sont bien misérables. Je suis convaincu que la misère des Ouvriers vient du vice de l'organisation sociale bien plus que de leur faute; je suis convaincu même que leurs défauts et leurs vices sont l'inévitable résultat de cette vicieuse organisation de la Société; et plus ils sont malheureux, même par suite de leurs vices, plus je m'intéresse à leur malheur et me sens pénétré du désir ardent d'y trouver un remède.

JULIEN. — Tout cela est bel et bon; mais.... Tenez, voici mon ami Guillaume qui fait bien ses affaires, parce que c'est un modèle.... Mais qu'as-tu donc, Guillaume? Comme tu as l'air en colère et sombre! Que t'est-il donc arrivé depuis quelques jours que nous nous sommes vus?

GUILLAUME. — Je suis renvoyé et sans travail depuis trois jours.... Depuis trois jours, je cours du matin au soir pour trouver de l'ouvrage; j'en suis éreinté... Vois comme je sue! Et puis il semble qu'on demande l'aumône et la charité! Si tu savais comme j'ai été reçu dans quelques maisons! J'en suis dégoûté, furieux! Et pas d'ouvrage! Rien!

JULIEN. — Comment! mon pauvre Guillaume, ton bourgeois t'a renvoyé, toi, si bon Ouvrier, qui travailles depuis douze ans chez lui, qu'il paraissait tant estimer et aimer! Tu nous vantais sa justice, sa bonté, son humanité!...

GUILLAUME. — Certainement, c'est un brave homme, mon bourgeois; un homme très humain, excellent pour ses Ouvriers : son caissier nous a même dit qu'il voulait renvoyer la moitié de l'atelier il y a un mois, qu'il ne nous avait gardés que par bonté pour nous, et qu'il avait perdu tout ce qu'il nous avait payé.

JULIEN. — Je disais bien, moi, que les Ouvriers ont tort de se plaindre de leurs patrons....

GUILLAUME. — Oui, ce n'est pas sa faute : ses magasins sont pleins ; il ne vend pas ; il crie tous les jours contre la concurrence ; voilà quatre ou cinq faillites qui lui tombent dessus la tête.... Il nous a d'abord fait une petite diminution ; puis il en a mis plusieurs à la demi-journée ; puis il a supprimé plusieurs jours de travail dans la semaine ; puis il en a renvoyé cinq ; puis il en a renvoyé dix, quinze.... Je croyais qu'il ne me renverrait jamais : mais j'ai mon congé comme les autres.

JULIEN. — Toi aussi, mon pauvre Guillaume, toi qui sers la maison depuis douze ans !...

GUILLAUME. — Ce n'est pas l'embarras, on aurait bien pu me garder plutôt que deux des six qui sont conservés : mais c'est l'associé qui leur a fait donner la préférence, parce que ce sont des flatteurs ; et je crois bien qu'il m'en voulait depuis longtemps, parce qu'il disait que je prenais trop le parti de mes camarades... Ça me serait égal si je trouvais de l'ouvrage ailleurs : mais je cours, je m'essouffle, je sue sang et eau, je frappe à toutes les portes, et partout on me ferme la porte au nez : « Nous n'avons pas d'ouvrage, » me dit-on ici. — « Nous n'avons pas besoin d'hommes, » me dit-on là. — Avant-hier, on me disait dans une grande maison : « Au lieu de faire entrer de nouveaux Ouvriers, nous allons faire sortir le tiers de nos anciens. »

Hier, on m'a répondu dans une autre : « Nous avons renvoyé la moitié de l'atelier, ce n'est pas pour vous prendre.» Mais le mal des uns ne guérit pas le mal des autres; et me voilà sur le pavé, sans travail, avec une femme au lit depuis cinq mois, avec l'apothicaire et le médecin à payer, avec mon terme qui approche, avec quatre enfans sur les bras... J'en perds la tête!

JULIEN. — C'est peut-être ta faute aussi!... Tu as peut-être été trop...

GUILLAUME. — Oh! garde tes sermons pour toi!... Ton tour viendra comme le nôtre, va! Car j'en apprends de belles depuis quelques jours que je cours et cause avec les camarades et les maîtres! Je n'entends que des plaintes, des gémissemens, des cris contre le manque de travail, contre la concurrence, contre les accaparemens et les monopoles de quelques grands capitalistes, contre les machines, contre les patentes et les impôts, contre les faillites, contre la diminution du salaire, contre l'augmentation des loyers et des alimens, bref, contre le luxe et l'égoïsme des uns et la misère de la masse. Tu connais bien ce brave père Nisel, si bon ouvrier, si sage : eh bien! sa pauvre femme, qui a tant travaillé avec lui, est morte à l'hôpital il y a deux mois, et lui-même vient d'y mourir, après avoir vu son chétif mobilier saisi et vendu pour payer son loyer! Francis est ruiné par un procès; Grégoire est ruiné par la faillite de son patron; le vieux *la Victoire*, ancien soldat qui s'est presque fait tuer pour son pays, sans ouvrage depuis longtemps, a été forcé de se faire *mendiant* et *vagabond* pour avoir du pain en prison, afin d'éviter de se faire voleur et assassin, pour ne pas mourir de faim. On m'a parlé d'une foule de *suicides* dont je ne me rappelle pas les noms...

JULIEN. — Mais je ne savais pas... Je ne lis pas de journaux...

— Ah! vous commencez à connaître, à comprendre!...

GUILLAUME. — Ni moi non plus je ne me doutais pas; mais depuis quelques jours j'en ai furieusement appris! Et l'on dit que c'est la même chose partout : en Angleterre (où l'on ne voit presque plus d'hommes dans les manufactures, et où l'on fait travailler les enfans et les femmes jusqu'à 16 et 18 heures par jour), en Espagne, en Italie, en Belgique, en Allemagne!... On ne parle que de coalitions et d'émeutes, pour le travail et le salaire, à Rive-de-Gier, à Munich, en Silésie (où les tisserands ne gagnent pas 3 fr. dans la semaine en travaillant toute la journée avec leurs femmes et leurs enfans).

JULIEN. — Il faut se plaindre, réclamer... C'est juste... Il est impossible qu'on ne rende pas justice...

GUILLAUME. — Tu es bon là, toi, avec ta justice! Est-ce qu'il y a de la justice sur la terre? Tu parles de réclamer : et comment réclamer? A qui réclamer? — A nos *patrons?* Ils répondront qu'ils ne peuvent pas ou qu'ils ne veulent pas! — Au *Commissaire de police?* Il répond que les affaires des Ouvriers ne le regardent pas! — Au *Juge-de-paix*, ou au *Maire*, ou au *Préfet?* Ce n'est pas leur besogne! — Aux *journalistes?* Ils ont bien d'autres choses plus intéressantes, des feuilletons, des romans, des spectacles, des scandales!... — Au *Député?* Ils n'est pas le représentant des Prolétaires, qui ne sont pas électeurs! — A la *Chambre?* Elle passe à l'ordre du jour sur les pétitions des Travailleurs, et son président répond que *les législateurs ne sont pas chargés de fournir du travail aux ouvriers*!

JULIEN. — Il faut se plaindre au Roi!...

GUILLAUME. — Il renverrait la plainte à ses Ministres.

— Sans doute, c'est l'affaire des Ministres; et vous pourrez citer à M. Guizot son livre dans lequel il a dit :

« C'est l'esprit du temps de *déplorer* la condition du Peuple : mais on dit vrai; car il est impossible de voir sans une *compassion profonde* TANT DE CRÉATURES HUMAINES SI MISÉRABLES. Cela est douloureux, très douloureux à voir, très douloureux à penser : mais il faut y penser, y penser beaucoup; car à l'oublier il y a TORT GRAVE et GRAVE PÉRIL. »

JULIEN. — C'est très bien, cela! Et puisque M. Guizot

est le chef du Ministère, il est impossible qu'il ne veuille pas remédier à tant de misères !

— Impossible ! Que vous êtes simple, naïf, crédule, sans expérience du monde et des hommes ! Le Ministre vous répondra « Que la sécurité de la Société (c'est-à-dire des gouvernans et des riches) exige que la masse des ouvriers soit absorbée, écrasée, immobilisée sous le poids d'un *travail incessant*, afin que cette masse ne puisse avoir le temps ni de penser, ni d'agir pour son intérêt. »

GUILLAUME. — Qu'il nous donne donc au moins ce *travail incessant* !

— Il répondrait, comme le Président des Députés, que c'est aux Ouvriers à chercher du travail, mais que les Ministres ne sont pas chargés de leur en procurer.

JULIEN. — J'avoue que je n'y comprends plus rien. Mais pourquoi donc paie-t-on ces Ministres si cher, et avec l'argent du Peuple ?

— Un autre Ministre (M. DUCHATEL) vous répondra qu'il partage les principes d'un écrivain anglais (MALTHUS) qui proclame « Que les Ouvriers n'ont pas besoin de se marier et d'avoir une famille quand ils ne peuvent pas la nourrir, et que rien ne les oblige à rester sur la terre quand ils ne trouvent pas le moyen d'y vivre. »

JULIEN. — C'est horrible ! il faut réclamer !

GUILLAUME. — Encore une fois, comment?

JULIEN. — Il faut choisir des Députés...

GUILLAUME. — Mais tu n'es pas électeur, ni moi non plus, ni nous tous...

JULIEN. — Il faut nommer des délégués, des syndics qui parleront pour nous...

GUILLAUME. — Mais les nominations de ce genre, même les discussions, même les réunions, nous sont interdites !...

JULIEN. — Mais les patrons se réunissent bien ; il est impossible qu'on empêche les Ouvriers...

GUILLAUME. — De quel pays viens-tu donc pour dire toujours *c'est impossible ?* C'est tellement impossible qu'on le voit tous les jours. On permet aux patrons de se réunir pour diminuer le salaire, oui ; mais les Ouvriers, c'est différent ! point de réunion pour eux, ou en prison ! et là, enterrés dans une *cellule Tocqueville* !

JULIEN. — Il faut aller tous ensemble chez le Ministre...

GUILLAUME. — Oui, vas-y ! tu verras s'il est visible ! Si nous y allons tous, c'est une réunion, un délit, une troupe de perturbateurs, de séditieux, d'anarchistes ; et tu verras comme la municipale et le sergent-de-ville viendront nous disperser ou nous empoigner et nous faire coucher au violon, puis nous mener à la Préfecture de police avec les *poucettes*, puis au Juge d'instruction dans la *Souricière*...

JULIEN. — Mais nous ne ferons pas de mal en nous assemblant tranquillement pour nous secourir, pour nous aider... C'est trop juste, trop innocent, trop recommandé par l'Evangile... Il est impossible qu'on nous le défende.

— Sans doute, c'est monstrueux, déshonorant pour la civilisation et pour la France après tant de révolutions ; mais c'est un fait auquel il faut bien se résigner comme à des milliers d'autres : on vous défend les réunions ; et si l'on apprend que vous vous réunissez, on vous...

JULIEN. — Mais on n'en saura rien !

— Vous croyez ! mais la clé d'or ouvre toutes les portes : la corruption et la division sont là qui vous guettent ; les bavards, les indiscrets, les faux-frères, les mouches, révèleront tout à la police ; et gare les mandats d'amener !

GUILLAUME. — Nous ne pouvons pas même faire des souscriptions pour nos camarades qui quittent un atelier parce qu'ils ne veulent pas travailler pour rien et qu'ils se trouvent sans travail et sans pain !

JULIEN. — Eh bien ! il faut que les ouvriers forment publiquement des *Sociétés industrielles et commerciales* pour fabriquer et vendre, comme font tous les jours les fabricans et les négocians. Il est impossible qu'on les en empêche !

— Vraiment ! Mais les *ouvriers rubaniers de Saint-Etienne* avaient formé une pareille société pour faire et vendre du ruban ; leur acte de société était notarié, publié au Tribunal de commerce et dans le journal officiel ; et cependant on a dissous la société sous prétexte de société secrète illicite ; on a emprisonné les gérans !

JULIEN. — Mais c'est incroyable ! Il faut créer un *journal* et invoquer l'opinion publique...

— Un journal ! Défendu aux Ouvriers ; car il faut déposer un cautionnement de 50,000 francs pour un journal hebdomadaire !

JULIEN. — Mais l'Ouvrier n'a donc aucun droit !...

GUILLAUME. — Non, aucun dans la Société actuelle. C'est un esclave, plus malheureux même qu'un esclave nègre ; car le maître du nègre est intéressé à le ménager, à le soigner dans ses maladies, à le bien nourrir, tandis que le patron de l'ouvrier a intérêt à l'exténuer et à le tuer pour en tirer un plus grand profit ; et si l'Ouvrier s'estropie, tombe malade et meurt, le patron en prend un autre, et voilà tout !

JULIEN. — C'est désolant, désespérant...

— Et si vous résistez, en prison, condamnés, ruinés ! si vous vous abandonnez au désespoir et à l'émeute, fusillés, mitraillés, comme à Rive-de-Gier, comme à Munich, comme en Silésie !

Guillaume. — Et si nous ne payons pas le loyer ou l'impôt, saisis et vendus! Mon voisin de gauche, appelé comme garde national, ne voulait pas s'habiller parce qu'il n'avait pas d'ouvrage : mais on lui a répondu : « Faites la dépense d'un habit ou la prison ! » — Mon voisin de droite ne pouvait payer sa patente parce qu'il ne gagnait rien : « Payez ou la saisie ! »

Julien. — Vraiment, c'est bien triste...

— Ah ! vous sentez enfin que les Ouvriers sont bien malheureux. Mais achevons la démonstration ; examinons rapidement ensemble la vie de l'Ouvrier : vous allez voir !

Que d'enfans d'Ouvriers naissent dans la misère, de pères et mères exténués par le travail, formés d'un mauvais sang, nourris d'un mauvais lait, mal alimentés ou même souffrant la faim, mal vêtus, mal logés, plus malheureux que les petits chats ou les petits chiens, abandonnés de leur mère forcée de travailler, se traînant dans la fange, s'habituant à la malpropreté, exposés à mille accidens, souvent estropiés ou battus ou prenant le germe des maladies qui les suivent jusqu'au tombeau !

Guillaume. — Oh ! c'est bien vrai.

— Et quelle éducation reçoivent ces enfans au sein de la misère, témoins de tous les vices de leurs parens, entassés pêle-mêle avec eux dans une chambre étroite, et souvent n'ayant qu'un mauvais lit pour les petites filles et les petits garçons !

JULIEN. — C'est vrai pourtant !...

— A peine l'enfant a-t-il la moindre force, dès l'âge de six ou sept ans, la misère force ses parens à le faire travailler. La petite fille porte, pendant toute la journée, son petit frère dans ses bras, fardeau trop lourd qui la rend tordue ou bossue, qui détruit sa poitrine ou son estomac, ses formes et sa santé. Dans les campagnes, l'enfant garde les oies, les dindes, les moutons, les chèvres, les porcs, les ânes, les vaches et les chevaux, et n'a presque pour compagnie que des animaux. Dans les pays de manufactures, on force l'enfant, petite fille ou petit garçon, à travailler 10, 12, 15 et 16 heures par jour, assis ou debout, presque immobile et muet, pour tourner continuellement une roue ou faire toujours la même chose qui le fatigue et l'ennuie.

GUILLAUME. — Tout cela n'est-il pas la vérité ? Et souvent ces malheureuses petites créatures travaillent dans des ateliers humides ou obscurs, trop froids ou trop chauds, respirant une poussière ou des vapeurs malsaines... N'est-ce pas assassiner le pauvre enfant de l'ouvrier ? Et puis on s'étonne qu'il prenne souvent le travail en dégoût et en horreur !

— Et quelle ignorance, quel abrutissement pour ces enfans ! Beaucoup n'ont pas le temps d'apprendre à lire et à écrire. Aux autres on donne des idées religieuses au-dessus de leur intelligence ; on leur fait réciter ou chanter du latin, des catéchismes, des prières, des cantiques, qu'ils ne comprennent pas et qui les habituent à une crédulité stupide. Vraiment, n'est-ce pas, pour ainsi dire, assassiner l'intelligence et outrager la nature ou la Providence en détruisant le plus bel apanage dont sa bienfaisance a gratifié l'homme pour le distinguer des animaux? Etonnez-vous maintenant que l'Ouvrier ait des défauts et des vices !

Que vous dirai-je de *l'apprentissage* de l'Ouvrier ? Vous savez que ses pauvres parens lui imposent souvent, sans le consulter et même contre son goût, le métier qui convient le mieux à leur misère. S'il choisit lui-même, c'est au hasard, sans rien connaître, ni sa capacité, ni les diverses professions, ni les besoins et les chances de chaque industrie. Que d'Ouvriers regrettent toute leur vie de n'avoir pas un autre état ! Que d'Ouvriers, médiocres dans leur emploi, seraient des génies dans un autre ! Puis, l'apprenti est souvent mal nourri, mal couché, bafoué, humilié, battu, chargé des travaux les plus rebutans ou les plus fatigans. Est-ce là le moyen de lui faire aimer le travail ? N'est-ce pas un contre-sens ?

JULIEN. — Moi, j'ai eu un bon maître.

GUILLAUME. — Tu as eu la chance bonne. Moi, j'en ai

eu un très égoïste, injuste, brutal, violent. J'en ai souffert! Mais ça m'a formé le caractère.

— Vous avez été bien heureux; car souvent, en sortant d'apprentissage, à l'âge des passions, en s'échappant de cet apprentissage comme d'une servitude ou d'une prison, le jeune ouvrier, ravi d'être enfin libre, sans guide et sans frein, prend la licence pour la liberté et se jette dans des abus et des excès qui compromettent toute son existence.

GUILLAUME. — Que voulez-vous? s'ils pouvaient *se marier* de bonne heure, le jeune Ouvrier serait rangé, la jeune Ouvrière serait sage; mais la misère les en empêche; les séductions des jeunes riches, la vue du luxe et la vanité, entraînent les malheureuses jeunes filles, tandis que les mauvais exemples et les mauvais conseils entraînent les malheureux jeunes garçons; et presque tous, plus à plaindre qu'à condamner, sont jetés dans le dérèglement et la débauche par une espèce de fatalité.

— Et s'ils se marient, que de soucis, que d'angoisses, quand arrivent les enfans, presque toujours en grand nombre, quand le père n'a que son travail pour les nourrir et les élever, quand il faut un loyer plus lourd, quand les maladies viennent saisir tantôt le petit garçon, tantôt la petite fille, tantôt la mère épuisée par les enfantemens et le travail, tantôt le père exténué par la fatigue et l'inquiétude! Quel supplice pour le chef de famille, quand le travail manque, quand le salaire diminue, quand la femme est malade et que les enfans crient la faim !

GUILLAUME. — Ah ! oui, je le sais, moi !

— Voilà un ouvrier qui a de la capacité, du talent, du génie même, et qui, s'il avait un capital, créerait un établissement utile à la Société comme à lui-même : mais il n'a pas le sou, pas de crédit...

JULIEN. — C'est vrai ; j'en connais beaucoup comme ça. Si j'avais pu trouver à emprunter seulement 1,000 fr., moi...

— Un autre a une idée, une invention, une découverte qui l'immortaliserait s'il avait quelque argent pour faire ses essais et ses expériences : mais il n'a rien et ne peut rien trouver à emprunter ; il double son travail, passe les nuits, se prive de tout, vend sa chemise pour faire les premiers essais, et meurt souvent à la peine sans avoir rien achevé, en emportant son secret.

GUILLAUME. — Ou bien, quelque intrigant lui escamote, lui escroque, lui vole son invention avec le profit et l'honneur.

— En voici un qui a le moyen de s'établir : mais quel état choisir ? Quelle est la meilleure branche ? N'y a-t-il pas déjà trop d'établissemens, trop de produits, trop peu de débouchés pour la vente ? Quels sont la meilleure ville, le meilleur quartier, la meilleure rue? Il ne peut pas le savoir, il n'en sait rien; il agit en aveugle et au hasard. Puis la *concurrence* le force à dépenser la plus grande partie de son capital en décorations extérieures; s'il réussit, un autre établissement du même genre vient se placer à côté de lui et lui faire *concurrence* avec un plus gros capital, en se plaçant mieux, en travaillant mieux par des procédés nouveaux, en baissant les prix...

GUILLAUME. — Et puis les accidens, les incendies, la stagnation, les faillites... C'est la ruine de mon pauvre patron!... Ah! tout n'est pas rose pour les Ouvriers qui deviennent patrons! Et que de soucis avec les loyers, les intérêts et les billets à payer!

JULIEN. — Aussi, quand j'entends des Ouvriers envier le sort des patrons, je leur réponds que, pour moi, je préfère mon sort d'Ouvrier : j'ai moins de soucis.

GUILLAUME. — Il est certain qu'il y a des Ouvriers plus heureux que quelques patrons; mais généralement les patrons sont moins malheureux que les Ouvriers.

— Et tous seraient bien moins malheureux et bien plus heureux avec une organisation sociale plus raisonnable! Mais continuons.

La masse des Ouvriers, enchaînés par la misère, *restent Ouvriers* employés par des maîtres ou patrons, travaillant pour eux et *salariés* par eux. Eh bien! l'Ouvrier, se trouvant sous la dépendance du patron, d'un associé, de la femme, d'un contre-maître, se trouve exposé à tous leurs caprices, à tous leurs défauts, à tous leurs vices. Que d'*humiliations* pour obtenir du travail, ou pour rendre l'ouvrage et le faire accepter ! Que de *temps* le patron fait perdre à l'Ouvrier ! Que d'arbitraire et d'injustice dans la fixation du salaire, dans sa diminution !

Ce *salaire* est généralement insuffisant pour les nécessités de la vie. Une partie des Ouvriers gagnent 5 fr. par jour, ou 4 fr., ou 3 fr., ou 2 fr. 50 c. ; on peut dire que le terme moyen est de 3 fr. 50 c. : mais le *chômage* ordinaire (52 dimanches, 8 fêtes religieuses ou politiques, 24 jours au moins d'indisposition, 60 jours au moins de chômage, terme moyen, en tout 144 jours) réduit l'année à 221 journées de travail à 3 fr. 50 c., et le salaire annuel à 773 fr. 50 c. Eh bien ! comptez la nourriture, le logement, le vêtement, l'entretien, les maladies, quelques autres dépenses inévitables, et voyez si l'Ouvrier peut économiser, acquérir, se faire un avenir ! Voyez s'il peut seulement se nourrir convenablement ! Aussi l'Ouvrier se nourrit généralement très mal, compromet sa santé par une mauvaise alimentation, et souffre réellement la faim.

GUILLAUME. — Oui : on croit qu'on exagère quand on dit que beaucoup d'Ouvriers meurent de faim, et cependant ce n'est malheureusement que trop vrai !

— Mais aujourd'hui le chômage est extraordinaire et

bien plus long, le salaire diminue, les alimens et les loyers augmentent ; par conséquent le salaire annuel est bien inférieur à 773 fr. — D'ailleurs, il est une masse d'Ouvriers qui ne gagnent que 2 fr., 1 fr. 50 c., 1 fr. — Il est beaucoup de femmes qui ne gagnent que 75 c., 50 c., 25 c., avec de longs chômages !

GUILLAUME. — Quand tant de privilégiés, tant d'oisifs ont des centaines ou des milliers de francs à dépenser par jour !

— Supposez maintenant qu'il arrive à l'Ouvrier quelque malheur, quelque procès, quelque faillite, quelqu'un de ces milliers d'accidens qui l'assaillent tous les jours, le voilà endetté, gêné, ruiné, misérable pour toute sa vie.

Et pour augmenter le mal, la misère force les Ouvriers à se faire *concurrence* entre eux, à s'offrir au *rabais*. Quand le patron veut faire une diminution et que ses Ouvriers refusent, il s'en trouve toujours d'autres qui acceptent, parce qu'ils préfèrent quelque chose à rien. Aussi le patron est toujours prêt à répondre aux récalcitrans : « Je ne suis pas embarrassé pour en trouver qui accepteront mes prix. »

JULIEN. — Il faudrait s'entendre...

GUILLAUME. — Mais la Police ne veut pas.... Et ceux qui n'ont pas de travail ne veulent pas s'entendre avec les autres, parce qu'ils ne veulent pas mourir de faim.

— Et voyez le *désordre* dans le travail ! Pendant les

longs chômages, l'Ouvrier s'ennuie, se débauche, épuise ses épargnes ; et quand le travail arrive, il se fatigue 12, 15, 18 heures par jour ; il passe les nuits; c'est à peine s'il a le temps de manger et de dormir. Les Ouvrières surtout sont assassinées dans la saison des modes! Et si l'Ouvrier est malade quand sa saison commence, ne faut-il pas qu'il se tue en travaillant pour ne pas mourir de faim?

Et puis, à combien d'accidens, de blessures, de maladies, d'infirmités, l'Ouvrier n'est-il pas exposé dans des ateliers insalubres, avec des matières dangereuses, avec des travaux exténuans et périlleux et une mauvaise alimentation! Combien perdent, de bonne heure, la vue, ou l'ouïe, ou la poitrine, ou l'estomac, ou la santé, et même la vie! Combien sont réduits à aller souffrir et mourir à l'hospice!

GUILLAUME. — Et encore n'y entre pas qui veut, même en se résignant à toutes les humiliations!

— Et quand l'Ouvrier devient vieux, souvent à 35 ou 40 ans, les patrons n'en veulent plus, parce qu'il est moins vigoureux, moins habile, moins au courant des procédés nouveaux; et le malheureux meurt dans la misère et les infirmités, après avoir travaillé et souffert depuis sa première enfance!

JULIEN. — Oh! c'est vrai; et je vois que le sort de l'Ouvrier est bien malheureux.

— Oui, voilà le sort de l'Ouvrier : la misère à sa naissance, pendant toute sa vie, dans sa vieillesse et à sa mort; point d'instruction, ni d'éducation ; un travail excessif pendant une partie de l'année, souvent dégoûtant, insalubre, fatigant, exténuant; des blessures, des maladies, des infirmités; des humilitions et des soucis; aucun droit politique, aucun avenir!...

GUILLAUME. — Et il y a des millions d'hommes ainsi traités en France!

— Et c'est la même chose en Angleterre, dans toute l'Europe, dans le Monde entier! Les Ouvriers, les Prolétaires, composent l'immense majorité du Genre humain.

JULIEN. —Et ce sont eux pourtant qui produisent tout, qui fabriquent tout!...

— Jadis, la guerre et la conquête régnaient sur la terre. Partout evainqueur et le conquérant avaient l'horrible droit d'exterminer ıes vaincus ou de les réduire en *esclavage*; partout la masse était *esclave;* partout les esclaves étaient condamnés à tous les travaux de l'agriculture, de l'industrie et du commerce; partout les *Ouvriers* étaient des *esclaves.*

Le Christianisme a amené l'abolition de l'esclavage en proclamant *la fraternité* des hommes; mais l'esclave devenu *serf*, le serf devenu libre, le Prolétaire, l'Ouvrier, n'ont pas eu leur existence assurée. —La Révolution fran çaise a proclamé *la liberté, l'égalité, la fraternité, l'unité;* mais l'Ouvrier n'est pas sûr d'avoir du travail et du pain. — La Révolution de juillet a prodigué les éloges et les promesses aux Ouvriers; car, dans le *National* du 30 juillet, Thiers disait : « C'est le Peuple qui a *tout fait* de» puis trois jours; il a été *puissant* et *sublime;* c'est lui » qui a vaincu, et c'est *pour lui* que devront être *tous* les » résultats de la lutte. » Et *Charles Dupin* disait à la tribune : « Lorsqu'il arrive, comme aujourd'hui, qu'une Dy» nastie est fondée par suite de *l'héroïsme* des OUVRIERS, » la Dynastie doit FONDER *quelque chose* pour la postérité » de ces OUVRIERS *héroïques* » (*Moniteur* du 19 août). Mais vous voyez ce qu'on a *fondé* et quel est le sort de l'Ouvrier!

Cependant, il est encore un grand nombre d'Ouvriers qui semblent insensibles et indifférens à leur déplorable situation : mais il en est beaucoup plus qui sentent leur dignité d'hommes, qui veulent conquérir leurs droits en remplissant leurs devoirs, qui s'électrisent à l'idée de leurs enfans et de leurs frères, et qui se dévoueraient pour la cause du Peuple et de l'Humanité.

Partout, même dans les classes privilégiées, les esprits les plus éclairés et les cœurs les plus généreux réclament l'amélioration matérielle, intellectuelle et morale de la masse ouvrière; partout on proclame l'urgente nécessité d'une grande réforme et même d'une régénération sociale.

JULIEN. — Mais comment faire? Le *remède* n'est-il pas *impossible?*

GUILLAUME. — Ah! te revoilà avec ton éternel *impossible!*

— D'abord, je m'empresse de vous répondre que le *remède* n'est pas, à mes yeux et selon ma conviction, dans une *révolution* violente; car vous avez vu des centaines de révolutions, et aucune n'a remédié à la misère des Ouvriers. Mais n'anticipons pas; et, pour découvrir le *remède* au mal, constatons-en bien la véritable *cause.*

N° 2. — CAUSE DU MAL.

Étudiez l'histoire, consultez tous les philosophes, creusez la question dans tous les sens, vous trouverez toujours que la cause principale, radicale, génératrice, c'est *l'inégalité* sociale et politique; inégalité qui s'étend à tout, à l'instruction, à l'éducation, à la fortune, aux droits politiques et civils; inégalité qui produit pour quelques-uns l'habileté, l'opulence et la domination, pour la masse l'ignorance, la misère et l'assujettissement.

On peut qualifier aussi cette cause en l'appelant *l'individualisme,* ou *l'égoïsme* exclusif, ou le *chacun pour soi, chacun chez soi,* ou *le mien et le tien*; qui produit la cupidité, l'ambition, l'avarice, l'exploitation, l'antagonisme, les rivalités, la concurrence, la guerre, et qui porte à sacrifier tous les autres à soi-même.

Regardez bien, méditez bien, et vous verrez que tout le mal vient de *l'inégalité* ou de *l'individualisme;* que tous les désordres et toutes les misères en sont les conséquences inévitables, et que ces conséquences existeront tant qu'existera leur cause. Si donc on veut conserver *l'inégalité* et *l'individualisme*, c'est qu'on veut perpétuer les misères qu'ils enfantent; et si l'on veut faire cesser ces misères, vous devez deviner le *remède.*

N° 3. — REMÈDE.

Je vous l'ai dit, le remède, selon moi, n'est pas dans la révolution violente, ni par conséquent dans la conspiration, ni dans la société secrète conspiratrice, ni dans l'attentat, ni dans l'émeute; car, avec tout cela, les Ouvriers peuvent se trouver aussi mal *après* qu'*auparavant.*

Le remède ne serait évidemment pas non plus ni dans la vengeance et l'extermination, ni dans le pillage, ni dans la loi agraire; car tout cela laisserait subsister *l'inégalité* et *l'individualisme.*

Il n'est pas davantage ni dans le Catholicisme, ni dans la Légitimité, ni dans le système impérial, ni dans la République aristocratique ou bourgeoise.

Ce remède ne peut se trouver que dans les institutions

sociales, dans une réforme sociale, dans une réorganisation sociale, démocratique, populaire, qui supprimera la cause du mal, *l'inégalité* et *l'individualisme*, et qui la remplacera par le principe contraire, par *l'égalité* ou la *fraternité* ou le *Communisme*.

JULIEN. — Comment ! le *Communisme* !

— Oui, le *Communisme ;* c'est l'opposé de l'*individualisme*, comme l'*égalité* est l'opposé de l'*inégalité*.

JULIEN. — Comment ! on me *dépouillerait* de ce que j 'ai amassé avec tant de peine ?...

— Mais c'est une erreur ! Le Communisme ne dépouille personne. On le calomnie !

JULIEN. — Je serais obligé de partager avec des paresseux le fruit de mon travail et de mes sueurs ?...

— Mais c'est une erreur, une calomnie ! Le Communisme ne favorise pas et n'engraisse pas les paresseux au préjudice des Travailleurs : c'est tout le contraire; aucun système n'extirpe mieux la paresse et ne protège autant le Travailleur.

JULIEN. — Le Communisme abolit le mariage et la famille, favorise la débauche !...

— Mais c'est encore une erreur, une calomnie ! C'est tuot le contraire ! Etudiez le Communisme dans le *Voyage en Icarie*, et vous verrez qu'aucun système n'admet mieux le mariage et la famille, ne développe mieux la dignité de la femme et de l'homme, et n'établit une morale plus pure et plus parfaite....

JULIEN. — On me forcerait, on me contraindrait d'entrer en Communauté, et je ne veux ni force, ni contrainte...

— Mais c'est encore une erreur, une calomnie !... Vous verrez tout-à-l'heure.

N° 4. — BONHEUR DES OUVRIERS DANS LA COMMUNAUTÉ.

Dans le système du Communisme, c'est la Communauté ou la Société qui est propriétaire du sol, des manufactures, des instrumens, des machines et des produits, soit naturels, soit fabriqués, qu'elle distribue à tous les Ouvriers, ou à tous les citoyens.

C'est elle qui est à la fois propriétaire, capitaliste, fabricant, manufacturier.

Elle est plus grand propriétaire, plus grand agriculteur, plus grand capitaliste, plus grand industriel qu'aucun de ceux qui existent aujourd'hui.

Elle dispose, organise, divise ou concentre son agriculture et son industrie de manière à recueillir les productions les plus abondantes et les meilleures.

Elle fabrique en masse. Elle a d'immenses ateliers, d'immenses manufactures, convenablement placés et groupés.

Elle a des machines sans nombre et les plus puissantes.

Elle a le Peuple entier pour Ouvriers.

Mais ce n'est pas pour elle et au préjudice de ses Ouvriers qu'elle les emploie : au contraire, c'est pour eux exclusivement, dans leur intérêt, pour leur procurer tout ce dont ils ont besoin, pour les rendre tous aussi heureux qu'il est possible.

Elle est leur mère à tous, les aime et les traite tous comme ses enfans, comme étant tous frères et égaux dans son amour.

Leur bien-être est l'unique et constant objet de sa sollicitude ; c'est pour eux seuls qu'elle fait cultiver, fabriquer, manufacturer, pour qu'ils soient bien nourris, bien vêtus, bien logés, bien portans, en un mot, heureux. Par conséquent elle a grand soin d'éviter, dans les manufactures et dans le travail, tout ce qui peut être insalubre, dangereux, exténuant, même désagréable ; elle cherche au contraire tous les moyens de rendre le travail attrayant et d'en faire la source des jouissances spirituelles comme des jouissances physiques ; elle ne multiplie les machines que pour avoir une production plus abondante dans l'intérêt de tous, pour que ses Ouvriers travaillent moins et soient moins fatigués, pour que les machines exécutent en leur place tous les travaux périlleux ou pénibles ou dégoûtans, pour qu'ils ne trouvent plus que de l'agrément dans le travail, surtout pour que les *femmes* soient laissées à leur destination naturelle, surtout encore pour que les *enfans* consacrent toute leur enfance au développement de leurs forces et de leur intelligence.

Ainsi, la Communauté n'est ni égoïste, ni cupide, ni avare, ni liardeuse, ni lésineuse, ni insensible, ni inhumaine. Elle n'exploite pas ses ouvriers pour s'enrichir, puisqu'elle ne pense qu'à les enrichir eux-mêmes en leur donnant tout en abondance; elle ne les épuise pas et ne les exténue pas pour thésauriser, puisqu'elle ne les fait travailler que pour entretenir leur existence, leur santé et leur bien-être; elle ne les expose à aucun danger pour économiser, puisqu'elle ne recherche les économies que pour eux; elle n'est pas même indifférente à leurs maladies et à leurs souffrances, puisqu'elle n'a d'autre but que de les leur éviter; elle n'est pas inhumaine envers les *femmes*, puisque c'est pour elles surtout qu'elle a le plus de tendresse et de ménagemens, puisqu'elle veut que les hommes en masse s'occupent du bonheur des femmes en masse plus que de leur propre bonheur; elle n'est pas barbare envers les *enfans*, puisque c'est pour eux qu'elle a le plus d'amour, puisqu'elle les considère comme l'espérance et l'instrument du perfectionnement de l'Humanité.

La Communauté n'épargne donc rien pour que les *ateliers* soient salubres, propres, commodes, agréables même, ni pour que les *femmes* puissent parfaitement accomplir la destination de la Nature, ni pour que les *enfans* reçoivent l'instruction et l'éducation les plus propres à en faire de véritables hommes, d'excellens Ouvriers et des citoyens profondément pénétrés et nourris du principe de la fraternité.

Sous la bienfaisante direction de la Communauté, personne ne voit avec effroi l'invention de nouvelles machines, parce que ces machines ne peuvent nuire à personne ; tout le monde en désire au contraire, tout le monde exerce son intelligence pour en découvrir, et la Communauté facilite toutes les expériences et tous les essais parce que les machines profitent à tous sans exception, soit en diminuant ou en facilitant le travail des bras, soit en multipliant la production en faveur de tous. Le but de la Communauté est même de trouver des machines à l'infini, de faire exécuter tous les travaux par des machines, et de réserver à l'homme le noble rôle d'un être créateur, spirituel et commandeur de machines.

Et ces machines, qui augmenteront cent fois, mille fois, cent mille fois la force du Genre humain tout entier, augmenteront tellement la production agricole et industrielle qu'elles procureront l'abondance pour tous.

Et avec l'instruction la plus universelle et la plus complète, avec l'éducation la plus parfaite, avec le loisir et le repos procurés par les machines, le bonheur *spirituel* ou *intellectuel* et *moral* sera supérieur encore au bonheur *matériel*.

Alors, plus d'ignorance, ni de démoralisation, ni d'abrutissement, mais des hommes, de véritables hommes sentant leur dignité et consultant toujours leur raison pour se diriger.

Plus de misère, plus d'opulence, plus aucun des nombreux vices que toutes deux enfantent.

Plus d'aumône ni d'humiliation, mais la satisfaction de tout obtenir par le travail.

Plus de Prolétariat ni d'aristocratie privilégiée ; plus de pauvres, ni d'exploiteurs, ni de maîtres ; mais des citoyens, tous associés, tous égaux en droits, tous électeurs, tous éligibles.

Plus de salaires, mais une part d'associé dans le produit social ; et plus de part en argent, mais en nature, c'est-à-dire que les Ouvriers ou les citoyens ne seront plus payés, mais nourris, logés, vêtus, et tous le mieux possible, et tous certainement très bien. — Plus de soucis ni d'inquiétudes. — Plus d'impôt autre que le travail. — Plus de chômage ni de coalition. — Plus de contestations ni de procès. — Plus de concurrence, ni de rivalité, ni d'antagonisme. — Plus de conspiration, ni d'émeute, ni de catastrophe.

Mais au contraire, partout les enfans bien soignés, bien instruits, bien élevés, bien ménagés, jusqu'à 17 ou 18 ans. —Partout les jeunes garçons et les jeunes filles se mariant, sans aucune inquiétude sur leur famille. — Partout les hommes trouvant l'abondance et le bien-être dans un travail modéré, facile, agréable, honoré. — Partout les femmes ménagées, respectées, heureuses. — Partout les citoyens égaux en droits politiques et sociaux. — Partout l'intelligence et l'ordre, l'union et la fraternité, la paix et le bonheur.

Et tout ce bonheur inspirera la piété la plus pure, le sentiment religieux le plus ardent et le plus sublime ; car alors l'homme n'aura plus que des *actions de grâce* à rendre à la Nature ou à la Divinité pour tous *les biens* qu'elle a répandus autour de lui et pour *l'intelligence* qu'elle lui a donnée afin d'en profiter.

Julien. — Mais je n'en reviens pas : comment a-t-on pu dire que, dans la Communauté, il n'y avait plus ni maris, ni épouses, ni enfans, mais seulement des *mâles*, des *femelles*, des *petits*.

— Vous le voyez, c'est tout le contraire, comme je vous le disais tout-à-l'heure ; et il n'y a peut-être que ce système dans lequel toutes les jeunes filles et tous les jeunes garçons pourront se marier, et cela sans avoir besoin de dots, en ne consultant que leur affection réciproque. Vous devinez les heureuses conséquences pour la morale publique, l'ordre, le bonheur des femmes et des enfans en même temps que des hommes !

GUILLAUME. — Comment a-t-on pu dire aussi que le Communisme favorisait la paresse, l'ivrognerie ?

— Vous le voyez, c'est encore tout le contraire. Tous les hommes travaillent ; mais on ménage les femmes et les enfans, et c'est très raisonnable et très juste ; on ménage même les hommes en les soulageant par les machines, en leur rendant le travail court, facile, agréable même, et c'est encore très raisonnable et très juste. On peut donc affirmer que, dans la Communauté, il n'y aura plus de paresseux, plus d'ivrognes, plus de voleurs.

JULIEN. — Pour des enfans qu'on élèvera, je ne dis pas non ; mais pour les paresseux, les ivrognes, les voleurs d'aujourd'hui...

Sans doute, on ne les métamorphosera pas comme d'un coup de baguette. Cependant, quand le Gouvernement et la Société voudront prendre tous les moyens nécessaires, on fera bien des miracles. Vous m'accorderez que le nombre des Ouvriers vicieux diminuera tous les jours, et que ce sera une immense amélioration. Ensuite, avec une, deux, trois générations, ces vices disparaîtront entièrement ; et si, ce que je ne crois pas, il en existait encore quelques-uns, ce ne serait presque plus rien... Et dites-moi dans quel système on les ferait mieux et plus complètement disparaître ?

JULIEN. — Tout cela est bien vrai ; mais il y a aujourd'hui des paresseux, des ivrognes, des débauchés qui se disent Communistes, qui parlent de Communisme, et qui lui font bien du tort !...

— C'est possible : mais c'est le malheur de tous les partis. On a souvent dit que *c'étaient les Républicains qui nuisaient le plus à la République*, que c'étaient des *prêtres* qui nuisaient le plus à la *religion*, que c'étaient des *monarques* qui nuisaient le plus à la *monarchie*. Il n'est pas étonnant que ce soient des *Ouvriers* qui nuisent le plus aux Ouvriers, et certains *Communistes* qui nuisent le plus au Communisme. — Rien n'est plus facile que de prendre un titre quelconque, celui de *Communiste* comme tout autre : des ennemis perfides, des mouchards même, peuvent le prendre tout aussi bien que les plus honnêtes citoyens. — Tous les Communistes *reprochables* étaient *Républicains* auparavant, et par conséquent des *Républicains reprochables*. — Le Communisme n'a pas la vertu de donner la perfection à des hommes que la Société a si mal élevés : mais quel système a cette vertu ? Les Communistes actuels, quelque améliorés qu'ils soient, sont loin d'être parfaits : mais quelle doctrine rend ses disciples parfaits ou seulement moins imparfaits? Pour moi, je vous le déclare, je vois avec douleur que ce sont quelques Ouvriers se disant Communistes qui font le plus de mal au Communisme et au Peuple; mais je vous proteste, avec la satisfaction la plus vive, que je ne vois nulle part plus et même autant de qualités et de vertus que dans une masse d'Ouvriers communistes que je connais. Quant aux autres, s'ils sont de bonne foi, nous les ramènerons et nous les convertirons à force de persévérance dans la voie de la vérité, de la fraternité et du dévoûment.

Guillaume. — Vous savez qu'on dit aussi que le Communisme spolie, dépouille, ravit, enlève...

— Eh bien! vous le voyez, c'est tout le contraire; il donne à ceux qui n'ont pas, mais il ne dépouille personne. Avec une bonne administration, avec l'ordre le plus parfait, avec mille économies faciles et raisonnables, surtout avec les machines multipliées à l'infini, il décuple et centuple la production de manière à enrichir tous les Ouvriers producteurs, à créer l'abondance pour tous, à rendre heureux tous les citoyens sans exception. Le Communisme n'a point de haine, point de préférence; il n'aime pas plus les pauvres que les riches: rempli de tendresse et d'amour pour les malheureux, les souffrans, les opprimés, il ne veut point d'oppression ni de misère; il veut, à tout prix, sortir les misérables de l'abîme; mais, à aucun prix, il ne veut y plonger les heureux d'aujourd'hui, parce que s'ils devenaient opprimés et misérables, ce seraient eux qui obtiendraient alors son intérêt.

JULIEN. — Je vois qu'on a bien calomnié le Communisme ! Mais dites-moi, je vous prie, on ne veut donc réellement pas imposer la Communauté ?

— Nullement : nous ne voulons contraindre personne à entrer en Communauté ; nous demandons seulement qu'on nous permette de faire une Communauté avec ceux qui partagent nos opinions et nos sentimens, avec nos amis, nos co-religionnaires. Si le Communisme est une *erreur*, on le verra bien, on ne nous imitera pas ; nous n'aurons causé de préjudice qu'à nous, et les autres profiteront même de notre malheureuse expérience. Mais si, comme nous en avons la conviction, nous sommes dans la *vérité*, si notre Communauté prouve et manifeste qu'elle produit d'énormes économies, l'abondance, la concorde, l'union, la fraternité, le bonheur, alors tout le monde *voudra* entrer en Communauté, en profitant de notre heureuse expérience.

JULIEN. — C'est très beau, trop beau ; mais n'est-ce pas impossible ?

GUILLAUME. — Je m'attendais que tu allais encore dire *impossible*.

— On disait aussi que les chemins de fer et les bateaux à vapeur étaient impossibles : mais les machines révolutionnent tout ; et ces machines, qui rendent nécessaire une réorganisation sociale en augmentant la misère des Ouvriers, rendent la Communauté facile en augmentant la production : il n'y aura plus qu'à décider une équitable répartition des produits.

Tout conduit et même entraîne aujourd'hui à la Communauté; tout se concentre et tend à l'unité ; on voit se former d'immenses maisons de commerce (comme *la Ville de Paris, Chambellan*, etc.) qui tiennent la place de 40, 50, 100 petites maisons; de grosses Compagnies financières pour exploiter les chemins de fer, etc., etc. ; on voit des Compagnies houillières s'unir pour n'en former qu'une seule, etc., etc... On invente des machines qui lèvent tous les obstacles; un nouveau télégraphe marche 10 fois plus vite, en sorte qu'on pourrait en un jour avoir des nouvelles de la Chine, tandis que les chemins de fer rapprochent tellement les distances que la France entière sera plus facile à administrer que ne l'était la plus petite province avant la Révolution.

JULIEN. — C'est égal, la Communauté sera *difficile* à établir.

— Mais, dites-moi, s'il vous plaît, quel autre remède sera plus facile ?

JULIEN. — Ce sera long !

— Mais dites-moi, je vous prie, quel remède sera plus

prompt? Je vous dis, moi, que c'est encore le chemin le plus court.

GUILLAUME. — Vous ne connaissez donc aucun autre remède?

— Voyons ensemble, examinons, je le veux bien.

N° 5. — Y A-T-IL D'AUTRES REMÈDES ?

GUILLAUME. — On parle beaucoup de *l'Organisation du travail.*

— Oui, mais comment l'organiser? On ne donne aucun plan. C'est la misère qu'il faut faire disparaître: c'est le travail qu'il faut assurer à l'Ouvrier; c'est un salaire suffisant qu'il faut lui garantir. Il faut concilier l'intérêt des Ouvriers et des maîtres, des producteurs et des consommateurs; il faut tout changer dans la Société; et je n'aperçois pas d'autre *organisation du travail* que la *Communauté,* qui organise parfaitement le travail et tout le reste, c'est la Communauté qui est la plus parfaite organisation du travail.

JULIEN. — Mais j'ai une idée! Si l'on *taxait* toutes les marchandises comme le pain et la viande, en taxant aussi le salaire de toutes les professions et de tous les Ouvriers de manière qu'ils pussent vivre et épargner?

— Bien! Il resterait à leur garantir du travail, et la Société le pourrait peut-être avec des ateliers nationaux : mais ce serait encore un bouleversement de la Société, un changement aussi grand et aussi difficile que la Communauté. Je voudrais qu'on le tentât, parce que je suis sûr qu'il amènerait à la Communauté.

GUILLAUME. — On parle beaucoup aussi d'*association*...

— Bien! Il faudrait associer tous les Ouvriers contre les maîtres, ou tous les Ouvriers avec les maîtres contre les rentiers, les bourgeois oisifs et l'Aristocratie. Ce serait encore une réorganisation générale aussi difficile que la Communauté, sans avoir ses avantages : mais je voudrais qu'on essayât ; la Communauté arriverait au galop!

JULIEN. — Une *religion nouvelle?*...

— Je ne crois pas, parce qu'il s'agira toujours de supprimer la misère, d'organiser le travail, l'atelier, etc. ; mais qu'on me montre une *religion nouvelle* avec un plan de Société fondée sur elle, et nous verrons!

GUILLAUME. — Vous ne considérez pas comme des remèdes suffisans les *caisses d'épargne* ni la *caisse de retraite de l'industrie*?...

— Assurément non, pas plus que les *bastilles* et les *cellules-Tocqueville*, pas plus que les *galères* et l'*échafaud*.

JULIEN. — Et le *suffrage universel*?

—Il ne remédierait peut-être à rien, parce que l'électeur pauvre serait à la discrétion de l'électeur riche, à cause de son ignorance et de sa misère. Du reste, le suffrage universel n'est pas plus facile que la Communauté.

GUILLAUME. — Et le *Fourriérisme?*

— Ceux qui travaillent au bonheur de l'Humanité ont imaginé d'autres systèmes d'organisation sociale, notamment le *Saint-Simonisme* et le *Fourriérisme* : mais ces systèmes (qui renferment d'immenses améliorations) conservent le principe de l'*inégalité* et de l'*individualisme*, et par conséquent ne remédient pas complètement au mal; le *Communisme* me paraît le plus simple, le plus clair, le plus rationnel, le plus complet de tous les systèmes, le plus conforme à la fraternité chrétienne, le plus propre à faire le bonheur de tous les Ouvriers et de tous les hommes.

JULIEN. — Vous n'approuvez donc pas le Phalanstère?

— Je préfère la Communauté: mais je voudrais voir beaucoup de Phalanstères s'établir, convaincu qu'ils se convertiraient bientôt en Communautés.

Du reste, le Communisme n'est pas nouveau: c'est le Christianisme dans sa pureté, avant qu'il ait été dénaturé par le Catholicisme; c'est l'application, la conséquence, la réalisation de la démocratie, du principe d'égalité et de fraternité; c'est le vœu de la Révolution française, qui écrivait sur son drapeau: Liberté, Égalité, Fraternité, Unité,

Indivisibilité ; c'est le vœu universel, car tout le monde invoque l'intérêt *public*, ou *général*, ou commun ; c'est aussi la *solidarité* de tous les citoyens ; c'est encore l'*assurance* mutuelle et universelle de tous pour tout ; c'est la fraternité mise en pratique et l'égalité en tout, en instruction et en édudation, en droits et en devoirs, en jouissances et en charges ; c'est la pensée de Jésus-Christ, des premiers Chrétiens, des principaux Pères de l'Église et des principaux Philosophes ; c'est, je crois, la destinée de l'Humanité.

GUILLAUME. — Mais comment établira-t-on la Communauté ?

N° 6. — MOYEN D'ÉTABLIR LA COMMUNAUTÉ.

— Le Communisme est un *système* d'organisation sociale, une *doctrine* sociale. Or, un système, une doctrine, ne peuvent pas s'imposer par la force et la violence ; il faut qu'ils soient adoptés par les esprits. La Communauté ne peut donc s'établir que par la volonté nationale, par la puissance de *l'opinion publique*, cette reine du monde, qui entraîne tout, les armées et les gouvernemens comme les Peuples. Si la masse adoptait et demandait la Communauté comme le seul moyen de salut, elle serait bientôt établie !

L'opinion publique doit être préparée par la *propa-*

gande des écrits et par la discussion qui doit confondre l'erreur et faire triompher la vérité.

Un journal comme *le Populaire*, paraissant tous les dimanches, me paraît une nécessité.

Déjà le Communisme a fait d'immenses et d'étonnans progrès; des hommes qui le repoussaient d'abord avec violence, parce qu'on l'avait dénaturé et calomnié, l'adoptent avec ardeur aussitôt qu'ils le connaissent; je suis convaincu même que tout Démocrate sincère est Communiste sans le savoir, parce que la Démocratie n'a pas d'autre réalisation possible que la Communauté.

Mais votre sort, à vous Ouvriers, est dans vos mains : si vous voulez remédier à vos cruelles misères, instruisez-vous, instruisez vos frères; propagez le Communisme; ralliez-vous autour d'un journal qui se consacre à la défense des intérêts de l'Humanité; évitez en tout la *concurrence* qui ne peut que vous être funeste; unissez-vous dans le sentiment de la *fraternité* et de la *solidarité*. Tant que des *pétitions*, rédigées dans des intérêts partiels, ne seront signées que par quelques milliers, on dédaignera d'y donner la moindre attention : mais quand, dans un intérêt général et commun, vous présenterez une pétition couverte d'un million de signatures, on ne se permettra plus de dédaigner votre voix!

Les divisions, les fractionnemens, la dissémination des

moyens, vous rendraient toujours impuissans; l'union seule peut remédier à vos maux.

En attendant la réforme *sociale*, et pour la faciliter, entreprenons une grande réforme *morale*. Sans doute les mœurs populaires se sont notablement améliorées; mais *l'ivrognerie*, par exemple, ce vice qui abrutit l'homme et qui compromet le Peuple entier autant qu'il nuit à l'individu, n'est encore que trop commune, et nous avons tous le plus grand intérêt à l'extirper. Que *l'élite des Ouvriers* se mette à l'œuvre avec courage, en unissant la fraternité à la raison, et son succès est assuré. Bientôt *le Populaire* vous appellera sur ce terrain de la *réforme morale*, et nous prouverons par là que le Communisme est la doctrine la plus pure, la plus fraternelle, la plus vraiment chrétienne et la plus moralisatrice.

CABET.

FRATERNITÉ,

ÉGALITÉ, LIBERTÉ, ASSOCIATION, UNITÉ,

COMMUNAUTÉ.

Le COMMUNISME est l'opposé de l'*Individualisme*, l'antipode de la *loi agraire* et du *partage* des terres. — C'est l'*association*, la plus étendue et la plus complète, basée sur la fraternité, l'égalité, la liberté, l'unité, fondée aussi sur l'éducation, le travail, le mariage et la famille. — C'est une *assurance* mutuelle et universelle. — C'est la réalisation de la *Démocratie*, et du *Christianisme* dans sa pureté primitive.

Ses principales formules sont : — Chacun pour tous, tous pour chacun ; — De chacun suivant ses forces et sa capacité, à chacun suivant ses besoins ; — Toute fonction est un travail, tout travail est une fonction. — Propriété sociale, collective, indivise ; Etablissement de la Communauté par la propagande légale et pacifique, par la persuasion, par la volonté individuelle et nationale ; — Régime transitoire et progressif.

GRANDE ÉMIGRATION

POUR ALLER FONDER EN AMÉRIQUE

LA COMMUNAUTÉ D'ICARIE.

Le travail diminue et le chômage augmente, le salaire baisse et le prix des loyers, etc., s'élève. Toutes les carrières sont obstruées ; la concurrence étend ses ravages ; les faillites se multiplient et des maisons solides s'écroulent ; le pain manque aux prolétaires ; la misère se généralise ; chaque jour voit des suicides ; l'avenir est gros d'orages, d'incertitude et d'effroi. — Voilà le *mal*.

Où en est la *cause* ? Elle est dans l'extension de l'industrie et dans la multiplication des machines, désordonnées, surtout dans les vices de l'organisation sociale basée sur l'*individualisme* ou l'égoïsme.

Le *remède*, selon nous Icariens, ne peut exister que dans une meilleure organisation du travail, dans l'association générale et perfectionnée, en un mot dans la Communauté Icarienne basée sur le principe chrétien de la FRATERNITÉ, entraînant comme conséquence nécessaire l'Égalité, la Liberté, l'Unité.

Cependant, quoique nous ne veuillions que la justice, l'ordre et le bonheur de tous sans exception, par des voies pacifiques et légales, on nous entrave, on nous persécute, tandis que, d'un autre côté, on ne nous laisse aucun droit, ni d'association, ni d'assemblée, ni de discussion publiques.

Dans cette situation, pour jouir de nos droits naturels et des bienfaits de la Nature, nous Icariens, hommes de conviction et de dévoûment, nous émigrons pour aller fonder en Amérique notre Communauté d'Icarie.

Partout les Icariens répondent à l'appel de M. Cabet.

L'émigration se prépare et s'organise.

L'acte social confère à M. Cabet la direction et la gérance pendant dix ans.

On n'admet que des individus reconnus capables et dignes.

Il faut avoir un apport d'au moins *six cents francs*.

Les *Etrangers* peuvent être admis comme les Français.

C'est au *Texas*, dans le nord-ouest de ce pays, le long de la *Rivière Rouge*, que l'établissement est fondé.

Un Agent est parti le 2 décembre; une grande Commission de 30 à 40 va partir du 27 au 31 janvier 1848; une avant-garde de plus de 600 partira à la fin de mars; et le premier grand départ, qui comprendra des femmes et des enfans, aura lieu à la fin de septembre, pour continuer sans interruption.

Nota. — Le *Populaire*, une brochure intitulée *Réalisation d'Icarie*, l'*Almanach Icarien de* 1848, et le *Supplément de cet Almanach*, contiennent tous les renseignemens sur l'Emigration et sur le *Texas*.

PRINCIPAUX OUVRAGES DE M. CABET.

HISTOIRE POPULAIRE DE

LA RÉVOLUTION FRANÇAISE

de 1789 à 1845;

2me *Éd.* Avec ou sans gravures, 6 vol., 25 ou 20 fr.

4 vol. ont déjà paru. Les 2 autres paraîtront incessamment.

VOYAGE EN ICARIE,

4me édition. — Un vol. 3 fr.

Le même EN ALLEMAND, 4 fr.

Beaucoup de Brochures sur le Communisme.

12 LETTRES SUR LA COMMUNAUTÉ.

BIOGRAPHIE DE M. CABET.

Almanach Icarien.

LE VRAI CHRISTIANISME,

Un vol. in-18. — 2 fr. 50 cent.

RÉALISATION DE LA COMMUNAUTÉ D'ICARIE.

TYPOGRAPHIE FÉLIX MALTESTE ET Cie, RUE DES DEUX-PORTES-S.-SAUVEUR, 18.

www.ingramcontent.com/pod-product-compliance
Ingram Content Group UK Ltd.
Pitfield, Milton Keynes, MK11 3LW, UK
UKHW032007260826
14628UKWH00005B/2322

9 782012 974982